"Libro da colorare"

Di: _______________________

____

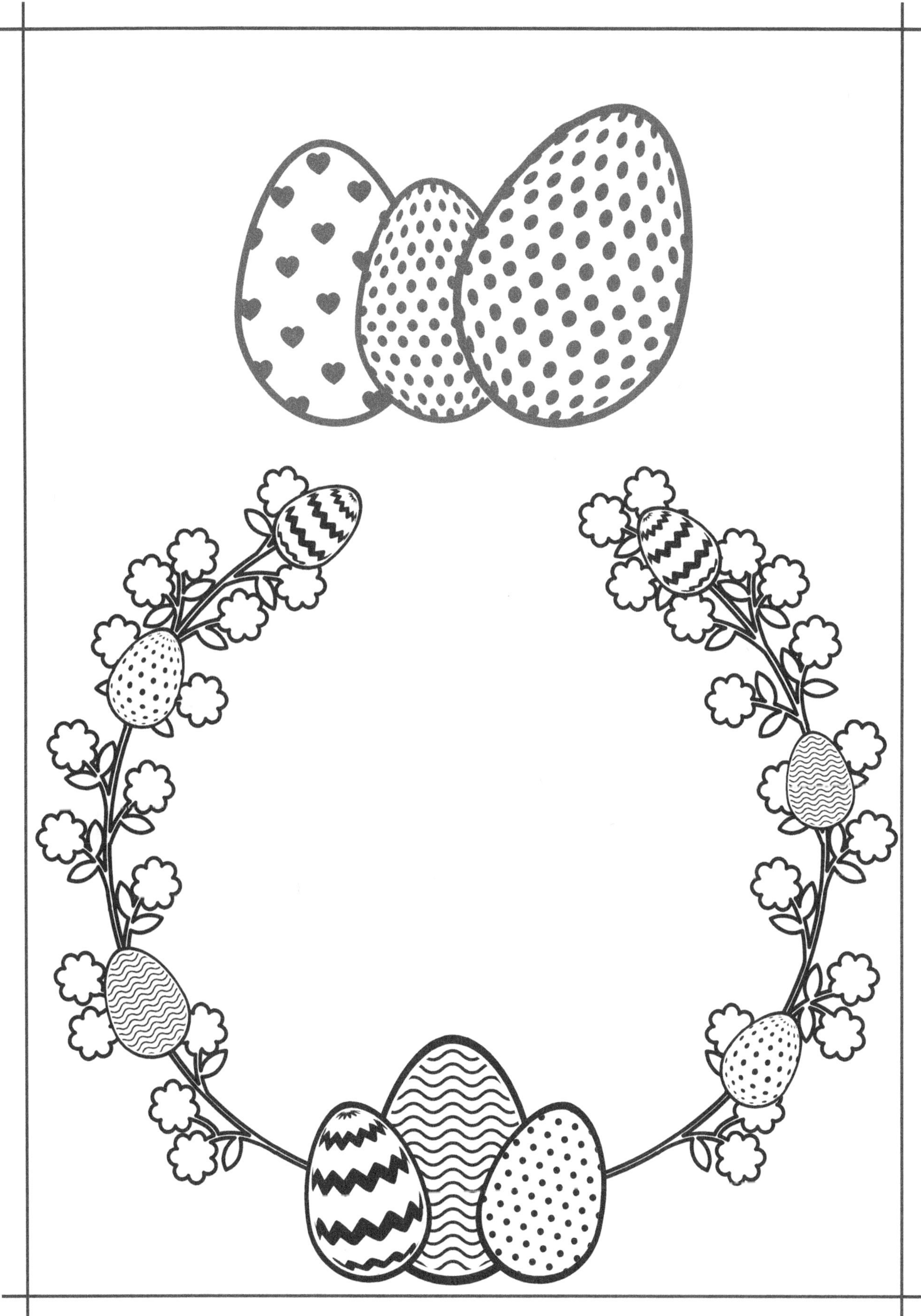

"Grazie per aver
acquistato
questo libro
da colorare..."

Creazioni
FA

www.ingramcontent.com/pod-product-compliance
Lightning Source LLC
Chambersburg PA
CBHW060607120726
48002CB00010B/2866